はじめに

ひとりごはんは、どっちにも行けます。
どこまでいいかげんにしても、誰も何も言わないし、
逆に、どこまでもちゃんとすることもできます。
自分の選択ひとつ。
ときには私もいいかげんな方向へ行くこともあるけれど
でも、そうなると気持ちが悪い。だから、ちゃんとする方向へ
軌道修正する。その繰り返しです。決め手となるのは、
どちらが自分にとって愉しいのか、心地よいのか。
頭で考えるのではなく、感じることです。
きれいと目が愉しむ。いい匂いと鼻が愉しむ。
おいしいと舌が愉しむ。心地よい音を耳が愉しみ、
舌ざわりや肌ざわりをからだが愉しむ。
こうした五感だけでなく、
プラスアルファの部分でも「感じて」私たちは生きています。
あるとき、折敷を作ってもらいに
京都の銘木屋さんに行きました。「お茶をどうぞ」と
ご主人が何気なく出してくださったお薄と、

隅切りの杉板にのった漆黒のあんこ玉の烏羽玉《うばたま》。
さもない日常の風景です。
でも、さもないことがこんなにすてきなんだ、と
その景色が目の底に焼きついています。そして家でも杉板に
烏羽玉の風景をふだんに愉しむようになりました。
目に見える美しさには、それが生じる
いくつもの理由や背景があります。
理由や背景を知らずとも、それらを総じて
「美しい」と感じる力を私たちは持っている。
その部分を私は大事にしたいのです。
ふだんの暮らしでも、ひとりの食事でも。
ちゃんとすれば、おのずと美しくなるのだと思います。
「誰が見ているわけでもないし」……
その先は自分の選択ひとつです。森の木々は、
誰に見られていなくても美しく芽吹き落葉する。
人間も自然の一部。そう俯瞰してみることが
今とても大事だという気がしています。

目次

2章

作ることも愉しむ、私のとっておき

1章

Yoko's Table
Beautiful Dishes Everyday

私の食事のベーシック

普通のものほどちゃんと作る。

白いご飯

シャキッと炊けたご飯を味わう日。

ご飯はいろいろなお鍋で炊いています。
大勢のときは炊飯器。
ふっくらと炊きたいときは土鍋。
シャキッと江戸前に炊いたご飯が食べたいときは、
鉄の羽釜を使います。
お鍋によって、味わいが違うのです。
匂いとつやと食感。
耳を澄ますようにして五感で味わう白いご飯は、
ひとりの静かな食事でこその愉しみです。

炊きたてをひとすくい。
きれい……と思わず見とれてしまう。

お櫃《ひつ》に移せば、
ぱりんとした鍋底のおこげが顔を出す。
ここも、食事のお愉しみ。

鉄釜と木蓋の間から
じゅわじゅわ〜とおねばが出てくると
中が沸いた証拠。この景色が見たくて、
鉄の羽釜でご飯を炊くのです。
母も昔やっていた、ご飯炊きの風景です。

鉄の羽釜

鉄の羽釜——といっても、私が使っているのは、ガス火で炊くために作られた小型の現代版です。ボディは丸みがあるけれどコンロにのせるので底は平ら。一方、昔ながらの鉄の羽釜は、へっつい(かまど)で炊くので底が丸い。実家にはへっついがあって、母は底の丸い羽釜でご飯を炊いていました。

その光景やおいしさの記憶があるからでしょう。数年前にたまたま訪れた東京・合羽橋の釜浅商店で現代版の鉄の羽釜と出合って、即購入。以来、シャキッと炊いた白いご飯と、ぱりんとしたおこげを味わう愉しみができました。

ご飯の炊き方

お米はほうぼうからいただくこともあり、特に銘柄を決めていませんが、かみごたえのあるお米が好みです。自分で買うときは、ご縁のあった青森・田子町《たっこまち》のにんにく農家さん経由の完全無農薬無化学肥料のお米か、水にこだわる高知のお米か新潟のこしひかりです。

無農薬のお米は虫がつきやすいですから、冷蔵庫で保存します。冷蔵庫に入れておくと密閉していても乾燥しますので、炊くときに浸水が必要です。米を研ぎ、浸水は30分~1時間、そのあとざるに上げて20分ぐらい。羽釜、土鍋、無水鍋などの鍋で炊くときはこの手順です。炊飯器はこの限りではありません。

米と、米の1割増しの水を鉄の羽釜に入れ、木蓋をします。木蓋だけでは私はなんだか心もとないので、上に鉄瓶などを重しとしてのせます。

中火ぐらいのあまり強くない火にかけます。10分ほどたった頃に、釜と木蓋の間からじゅわじゅわとおねばが出てくると、鍋中が沸いた証拠です。おねばはすぐに乾いて、白くかさかさになる。これを私は見たいのです。母が昔、羽釜で炊いていたおいしいご飯の記憶の風景です。

おねばが出たら火を弱くして15分。釜に顔を寄せてみてください。鼻を利かせ、耳を澄まして、「おこげはまだかな」と思ったら、最後に30秒ぐらい火を最高に強くします。パチパチというおこげができる音に耳を澄まします。火を止め、5分蒸らします。

ご飯を味わう

鉄の羽釜でご飯を炊いた日は、まずは炊きたてをしゃもじでひとすくい。その瞬間、ふわっとくる匂いに「あぁ、たくあんと食べたい」と思うのは私だけでしょうか。ご飯とたくあんはワンセット。炊きたてのご飯の香りをかぐと、たくあんのあの古びた風味がよみがえる。

しゃもじですくったご飯は、そのまま器に横一文字によそい、つややかな白いご飯の美しさを目で愉しみます。そして口に含む。すると口から鼻になんともいえないご飯の香りが上ってきます。ひとりだから味や香りに集中できます。

ひとすくいしたら、残りは水でぬらしたお櫃に移します。炊飯器や土鍋で炊いたときも、必ずご飯をお櫃に移します。ご飯の余分な水分を木のお櫃が吸い取ってくれるので。昔からの優れた道具を使わない手はありません。

お櫃に移したご飯は粗熱が取れ、お米の水分が鎮まって、ふっくらとおいしくなっています。お漬物や汁物、あるいは何か簡単なあえ物などでご飯をいただきます。もしもお代わりすれば、ご飯の風味がどんどん変わっていくのがわかるでしょう。同じご飯でも、炊きたてから次々に味わいが変わっていくのです。お櫃に入れたご飯は冷めたらなおさらおいしいです。どれがいちばん、とも言えないのが、ご飯という食べ物の素晴らしいところ。

そして最後のお愉しみ。これが好きなのです。おこげを茶碗によそい、上にたくあんをのせて、熱いほうじ茶を注いでいただきます。香ばしさがたまりません。

残ったご飯は……

私はひとりでも最低2合以上のお米を炊きます。そのほうがおいしく炊けるので。ですから、鉄の羽釜も、土鍋も玄米を炊くカムカム鍋(26ページ)も、うちでは3合炊きのサイズを使っています。

2合以上炊いたご飯はもちろん一度に食べきれないですから、残りは冷凍しています。

まだ温かいうちにふんわりと軽くラップで包んで冷凍庫へ。いびつな形ですけれど、ふんわりとして空気を含んだご飯の状態で冷凍したほうが、いくぶんおいしいようです。

献立

白いご飯
豆腐のおみそ汁
たくあん

白いご飯、汁物、お漬物――は完璧な献立。温かいおつゆをすすり、白いご飯をかみしめ、そこにお漬物の発酵のうまみが加わると、「こんなにおいしいものがあるだろうか」といつも思います。

豆腐のおみそ汁

だしの味の入っていないお豆腐を、おだしと一緒に食べるのが私は好き。大きめに切った豆腐をお湯で温め、しんまで温まったら椀に入れて、おみそ汁を注いでいただきます。

おみそ汁は煮干しのだし汁に、越後みそ(シブヤのみそ)を溶いたもの。七味やねぎの小口切りを吸い口に。

たくあん

混じり物なしの、昔ながらの味がするお漬物が食べたければ、自分で作るほかありません。たくあんも自家製です。たくあん用の干し大根は11月の末、冬の初めに出てきます。作りやすい分量は干し大根10kg(35本前後)、大根の干し葉適量、大根の重さの4%の塩、ぬか2kg弱、糀《こうじ》250g、手のひらいっぱいの赤唐辛子。

漬物用の容器の底にぬかと塩をふり、干し大根をすきまなく、高低差もできないようにきちんと詰めます。きちんとがたくあん漬けのコツです。塩、ぬか、糀、赤唐辛子を均等にふりまき、これを1段ずつ、大根がなくなるまで繰り返します。

いちばん上に干し葉をかぶせ、ぬかと塩をふり、中蓋をかぶせて重しをします。虫が入らないようにきちんとおおいをして、涼しい場所に置きます。漬けて1か月後からいただけて、管理がよければ3年ぐらいもちます。

おつゆのこと

ひとりの食事にこそ、きちんと引いただしがあると便利です。おいしいだしをとるには、よい材料をたっぷり使うこと。少量をとることができないので、私は多めにとって、そのときに使わない分は1回分ずつ（お椀1杯ほど）冷凍します。

冷凍庫にだしがあると、凍ったまま鍋に入れて温めれば、すぐにおみそ汁ができる。うどんやおそばのおつゆもできる。だし汁さえあれば、ちょっと野菜を刻んで入れるだけで一品ができてしまうのだから、食事をととのえるのがらくです。

ちなみに濃いめのだしが欲しければ、半分解凍したものを使うとおいしいです。残った氷は薄めのだしなので煮物などに使います。

昆布とかつお節のだし

昆布は羅臼、利尻、真昆布、日高昆布の種類があり、お好みでいいと思うのです。自分の好みと使いやすさ（だしを引いた後の昆布を佃煮などに使いやすい）から、うちでは利尻昆布が定番。肉厚でカットしていない長いままの昆布を常備して、必要なだけ切って使います。

かつお節も上質なものがよく、みそ汁や煮物用には血合い入りを、お吸い物や茶碗蒸しには血合い抜きを使います。私はおだし用のかつお節は、その日の朝に削ったものを築地から配達してもらいます。かつお節は封を切るとたちまち香りが飛んでしまうので、一度に1袋全部使いきって、たっぷりのだし汁をとります。

目安として利尻昆布20㎝を水10カップにつけて、冷蔵庫に一晩。昆布を取り出した水を鍋に移し、煮立つ直前にかつお節１００ｇを入れ、すぐに火を止めて箸でかつお節を沈めます。そのまま7〜8分おき、味をみます。飲んでみて、水の味がだしの味に変わっていればＯＫ。大きなボウルに平ざるをのせ、その上にかたく絞ったさらしのふきんをのせて、だしをこします。ふきんの中でだしが自然に落ちるのを待って（雑味が出るので絞らない）、保存するときは粗熱が取れたら密閉容器などに移して冷凍します。

いい匂いがして、こりっとして、甘くない。
昔ながらの本当においしいたくあんは
自分で漬ければ食べられます。

おこげにたくあんをのせ、ほうじ茶を注いで。
しめにいただくお茶漬けがまた最高。

玄米ご飯・その1

香ばしい玄米は私の食事のベーシック。

ふだんによく食べるのは玄米や五分づき米です。
かみしめると口の中に広がる香ばしさが好きで
昔からずっと私の主食です。
からだにいいから、ではなくて、好きだから、
おいしいから食べている。母が好んでいたこともあって
子供の頃から玄米と白米は同じような感覚でした。
玄米と相性のいい乾物や小魚や海藻のおかずも
幼い頃からの大好物。〝自分の食事のベーシック〟を
持っていると、外食が続いて食事が乱れたときも
すぐに立ち戻れるから安心です。

玄米ご飯の炊き方

玄米は長年、カムカム鍋を使って炊いています。カムカム鍋は、圧力鍋に入れて使う陶器の蓋つき容器。玄米をふっくらおいしく炊くために開発されたものです。

圧力鍋は最新式もいろいろ試しましたが、おいしい玄米を食べたい人には、昔ながらの平和(ピース)の圧力鍋がやっぱりおすすめです。

玄米3合を洗ってカムカム鍋に入れ、水3合を注いで蓋をし、圧力鍋の中に入れます。カムカム鍋の高さの半分ぐらいまで水を入れ、圧力鍋の蓋をします。強火にかけて、圧力がかかりはじめたら、そのまま2~3分加熱し、火を弱めて50~60分加熱。火から下ろしたら、すぐに蓋の上から水をかけて圧を落とし、蓋を開けます。

炊きあがった玄米はお櫃に移します。そのときに食べない分は、白いご飯と同じように冷凍しています。

豆みそ

玄米と一緒に食べるおかずとして、よく作るのが豆みそ。昔からのうちの定番です。

大豆はぜひ、おいしい豆を手に入れてください（私は兵庫県丹波の小田垣商店で購入）。大豆の味が決め手です。1袋をたっぷりの水に浸して冷蔵庫でもどします。豆みそを作るときは歯ごたえが欲しいので、もどしすぎないのがコツ(新しい豆ならもどさずに使うことも)。かじって確かめるといいです。

もどしたら、半分を豆みそにします。残りは歯ごたえの残る程度にゆでて、酢をふりかけ、酢大豆にしたり、ゆで汁ごと小分けにして冷凍したりします。酢大豆が冷蔵庫にあると、大根おろしとあえたり、サラダにすぐに使えて便利です。

豆みそも作るのは簡単。鍋を温めて玉締めしぼりごま油をひき、もどした大豆を入れて炒めます。よく炒めてからみそを加え、みそが豆に充分にからめばできあがり。みそにちょっとおこげがつくぐらいに煎るのが私は好き。

メープルシロップ、はちみつ、本物のみりんなどを加えて甘くしてもおいしいです。おやつ代わりにぽりぽり食べられる。油もひかずにもどした大豆を煎って、しょうゆをまわしかけても美味。塩だけの味つけもおすすめです。いずれも冷蔵庫で保存可能。こういうものがあると安心です。

野菜たっぷりの具だくさんのおみそ汁があれば
ほかにおかずがいらないぐらい。

我が家の定番、豆みそ。
もう、おいしくておいしくて。

献立

玄米ご飯
具だくさんのみそ汁
焼き鮭、ししとう、大根おろし、柑橘
豆みそ

お魚を焼いて、ご飯とおみそ汁という献立、すごくあたりまえですよね。そのあたりまえが大事だと思うのです。

パックの玄米ご飯を買ってきて、粉のだしでおみそ汁を作っても、もしかしたら見た目には変わらないかもしれない。でも食べたらわかる。「ご飯を炊くこと」「おだしをとること」を大事にしている食事は食べればわかるし、食べ続けていれば、そうではないものを食べたときにすぐにわかるようになる。目に見えないところをちゃんとする。ふだんの食事において、私がいちばん大事にしていることです。

玄米ご飯、野菜たっぷりの具だくさんのおつゆ、焼き鮭、網焼きしてしょうゆをまぶしたししとう、大根おろし、季節の柑橘、豆みそとそろえば、味も内容もパーフェクト。お昼にこれを食べたら、夜はお酒とちょっと何かつまむぐらいでおしまいにしてもいいわね、っていう感じです。

具だくさんのみそ汁

とったばかりのだしを使ってもいいし、冷凍庫にあるだしを凍ったまま鍋に入れて温めても。

小松菜、にんじん、きのこ、大根など、季節の好きな野菜を食べやすく切ってだしに入れ、油揚げも入れて煮ます。野菜に火が入ったらみそを溶き、器によそってねぎを吸い口に。

煮干しのだし

おみそ汁には、煮干しのだしが好きです。煮干しを水出しすると、すっきりとして、上品なおいしいだしがとれます。

煮干しはよく乾燥していて、銀青色に輝いているものを選びます。

1カップの水に、煮干し5〜6尾分が目安です。頭とおなかの中にある黒い部分を取り除いた煮干しを水につけて、冷蔵庫に一晩おきます。水でぬらして絞ったさらしのふきんで、だしをこせばできあがり。

常備食

大根を塩でもんでおくだけの〝常備食〟。私のおかずの基本です。

常備菜ではなく、うちの場合は〝常備食〟。
ひじきだけをシンプルな味つけで煮ておく、
せん切り大根を塩でもんでおく、
きゅうりの切れ端を粕に漬けておく……。
冷蔵庫を開けると、そのままでも食べられるし、
いろいろに食べられる作りおきが常に数種類あります。
こういうなんでもないものこそ、
盛り方や器で愉しむ。目で愉しむ。
おかずにも、酒肴にもぴったりな
〝常備食〟、とても豊かです。

ある日の晩酌。というか
うちの晩酌はいつもこんなふう。冷蔵庫から
小松菜の塩もみ、大根の皮のきんぴらなどの
〝常備食〟を出して「どれにしようかな」と
器を選んで盛りつける。
煮干しとナッツを素揚げして
とろろ昆布とあえるお気に入りのおつまみを作って。
となると、お酒は鄙願《ひがん》。
すっきりとした湧き水を思わせる、
日本酒はこれ一筋。

常備菜は飽きます。だからうちは〝常備食〟。

いわゆる常備菜は、最初はよくても、次の日もまた次の日も、となると飽きます。だからうちでは、ひじきはひじきだけをシンプルに煮ておく。大豆も、五目豆などを作るのではなくて、ゆでてお酢をふりかけておくだけ（26ページ）。ちょっとだけやっておくのがみそ。

こうして「そのままでも食べられる」「いろいろにアレンジできる」「日もちのする」状態にしておけば、疲れて帰った日でも、すぐにおかずができます。

我が家の作りおきは、常備菜ではなくおかずの素になる〝常備食〟。

大根や小松菜などは、ひとりだと一度にたくさん食べられないから、刻んで塩でもんでおく。これも常備食です。ぬか漬け、粕漬け、たくあんなどのお漬物も常備食と言えるでしょう。うちにはいつも何かしら常備食が複数あるわけです。

それで、「今日は一汁一菜でいいわね」という日でも、冷蔵庫や冷凍室から常備食を出してくると、なんだか小さなおかずがたくさん並んでしまって、「小皿料理屋か？」なんて自分でおかしくなることも。

古い染付の小皿に気分よく盛った常備食だけで、食事をすることがよくあります。はじめは常備食をつまみにちょっと飲んで、あとでゆっくり、お漬物などでご飯とおつゆをいただく二段構え。

好きなおかず、好きな器ばかりを並べて、目で愉しみながら、ひとりの時間を味わうのはリッチな気分です。

ひじきのシンプル煮

ひじきをシンプルに煮ておくと、本当に重宝します。

長ひじきを水につけて、もどし加減はやわらかすぎずかたすぎず、歯ごたえが残る程度にします。鍋にごま油をひき、水気をきったひじきを中火で炒めます。油がまわったら酒、みりん、しょうゆを加えて、ときどき混ぜながら汁気がほとんどなくなるまで煮ます。

調味料は目分量。「このぐらいの甘みが欲しいかな」と、そのときの気分で決めます。控えめに味つけしたほうが、あとで応用がききます。1回分ずつ小分けにして冷凍しておくと、いつでもひじきが食べられます。

ひじきはひじきだけを
シンプルな薄味で煮ておきます。
これが冷蔵庫にあれば
納豆とあえたり、卵焼きに入れたり、
ゆでた小松菜やにんじんと混ぜて、
ごまあえにもできる。
〝常備食〟はすごく便利なおかずの素です。

大根の塩もみ

皮をむいた大根を、食べやすい長さのせん切りにします。塩をふり、しんなりしたら水気を絞って、蓋つきの容器などに入れて冷蔵庫に。うっすらと塩味がついているので、このまま食べてもいいし、かにや帆立缶と合わせてレモン汁を搾って食べてもおいしい。炒め物にしても。

大根の皮のきんぴら

塩もみを作るときにむいた大根の皮は、細切りにして、ごま油で炒め、酒としょうゆをからめてきんぴらに。こりっとしておいしいのです。きんぴらに限らず、「これでお酒を飲もうかな」というときは、料理は甘くしないほうが好きです。七味をかけていただきます。

小松菜の塩もみ

小松菜が好きで、一年中冷蔵庫に入っているといってもいいぐらい。あくがなく、炒めても汁物に入れても、シャキッとした歯ごたえが残るのが魅力です。

小松菜の塩もみは、茎も葉も細かく刻んで塩をふり、しんなりしたら、さらしのふきんで水気を絞ります。小さな蓋つき容器に入れて2〜3日で食べきります。

そのままでもいいし、桜えびやじゃこと炒めても美味。卵焼きや大根おろしに混ぜてもいいし、ご飯にのせても、汁物に入れても。おかゆにも最高。塩もみしておくと、本当に手軽に食べられて便利です。

ゆで鶏・蒸し鶏

火の通った鶏の胸肉が、冷蔵庫の中に入っていることが多いです。というのも鶏のスープが欲しいから。私は胸肉と野菜(セロリの葉などは大事なスープの素)でとった、こくがあってすっきりとしたスープが好き。それで、だしがらというにはリッチな、スープをとったあとの鶏肉が残るわけです。

胸肉と野菜にかぶる程度の水を加え、静かな火で20分程度ゆでます。これはリゾットやシチューなどに向く洋風の香りのスープ。長ねぎの青いところや、しょうがの皮と一緒に鶏肉をゆでれば、中華風のスープになります。どちらもよく作ります。

20分ほどゆでたら、そのまま人肌に冷めるまでおいてこします。スープは、すぐに使わない分は1回分ずつ冷凍しておきます。鶏肉はスープに浸した状態で冷蔵庫へ。こうするとぱさぱさにならず、しっとりとおいしく食べられます。

鶏の酒蒸しを作るときも、おいしいスープがとれるように工夫します。蒸し器がなくても大丈夫。鍋に水を入れ、ざるを安定よく逆さにして入れ、その上に平皿やステンレスのトレイにのせた鶏肉を置いて蒸せばＯＫです。鶏に塩少々、酒をふって、蓋をして蒸します。胸肉の大きさにもよりますが、1枚6～7分で火が通ります。

蒸し終わったら、鍋の中に入れたまま冷まします。冷めたら、蒸し汁ごと鶏肉を容器に移して冷蔵庫で保存します。蒸し汁はうまみの濃いスープとして利用します。

ゆでたり蒸したりした鶏肉は、繊維に沿うようにして手で裂きます。次女の作ったゆず胡椒をつけて食べるだけでもおいしい。手で細く裂いて、細切りのザーサイ、白髪ねぎ、香菜とごま油であえるのも大好きな食べ方です。お試しください。

煮干しとナッツととろろ昆布

ビタミンや良質な脂質をとれる木の実も、積極的に食べたいもの。特におすすめは国産のくるみです。むいてあるものは皮が酸化して渋くなるので、殻つきに限ります。使うときに殻を割って食べると、フレッシュなおいしさでたまりません。長野県東御《とうみ》市特産の「カシグルミ」がおすすめです（殻がむきやすくておいしい）。

カシューナッツやピーナッツの素揚げも美味。揚げ鍋に生のカシューナッツやピーナッツを入れ、冷たい油を注いで中火で混ぜながら揚げます。色がついたら油から引き上げ、熱いうちに塩をまぶします。この状態で密閉容器に入れておくと保存がききます。

私がとても好きなのが、ナッツと素揚げした煮干し（またはよく煎ったじゃこ）、とろろ昆布の組み合わせ。

煮干しは頭を取り、身を二つに裂いてはらわたを取ります。ぬるい油に入れて素揚げし、かりっとしたら油から引き上げて塩を軽くまぶします。これとむきたてのくるみや、素揚げしたカシューナッツを混ぜ合わせ、とろろ昆布をちぎってあえるのです。意外な組み合わせが、なんともいえず美味。実はこれ、最初は別々に食べていたのを、ある日一緒に口に入れてみたらおいしくて。以来、おつまみの定番になりました。

煮干しのぴり辛

だしをとる煮干しは、そのまま食べてもおいしい新鮮で良質なものを選んでいるので、〝常備食〟にもなります。おいしい煮干しはだしをとるばかりではないのです。

煮干しは頭を取って、身を二つに裂き、はらわたを取り除きます。赤唐辛子の小口切りと一緒に、ごま油で炒めて、しょうゆをまわしかけ、仕上げにごまをからめます。

粕漬け

さわらや鮭などの切り身魚、いか、帆立などは粕漬けにすると保存がきく上においしくなります。酒粕はクリーム状のやわらかいものが扱いがらくです。菊姫や鄙願などのおいしいお酒の酒粕がやっぱりおいしい。

酒粕だけで漬けてもいいし、少し甘みが欲しければメープルシロップを混ぜても。酒粕に青い実山椒を入れるのは、懇意の酒屋さんに教わったおいしい粕漬けの作り方。初夏にとれる実山椒をたっぷり酒粕に混ぜると、山椒の清冽な香りが魚に移って、これはご馳走です。

粕漬けは簡単。保存容器に酒粕を敷き詰め、塩をした魚をのせて、上にも粕を入れ、魚が酒粕でおおわれるようにします。このとき、シンク用のごみネット（もちろん未使用の清潔なもの）を使うのが私の秘策。見た目がよくないのがたまに傷ですが、便利です。この中に魚を入れて酒粕に漬けるわけです。ネットの口を酒粕から出しておけば取り出すのが簡単だし、お魚も粕も汚れません。こだわるならネットではなくガーゼを使ってもいいです。

きれいなら、粕床は何回か繰り返し使えます。最初はきゅうりなどの野菜を漬けて（1日程度で食べられます）、次に魚や肉を漬ける使い方がおすすめです。

魚の粕漬けは、漬けて2～3日が食べ頃。それ以上漬けると酒粕の味が濃くなっていきますが、それはそれでオツなものです。食べ頃に漬かった魚を粕から出して冷凍しておけば、もっと長期間の保存が可能です。

粕漬けがあると、食事がとたんにグレードアップ。実山椒入りの粕に漬けたさわらを焼き網でこんがりと焼けば、割烹顔負けのそれはすてきな肴となります。酒屋さんに感謝。

揚げ物

ひとりでもとんかつを諦めない。

こんがり、かりっと揚がったとんかつのおいしさ。
年中ではないけれど、やっぱり食べたくなります。
買ってくるのは、どんな油を使っているかわからないし、
第一おいしくない。せっかく食べるなら
特別おいしいとんかつでなきゃ、と思うのです。
揚げ物は決して大変ではありません。
ましてや、ひとり分なら、
あっという間にできる時短料理です。
ひとり暮らしこそ、揚げ物を味方につけましょう。

以前、近所に年老いたご夫婦が営む、小さなとんかつ屋さんがありました。好きで通っていたのですが、閉店してしまって。

とんかつは、わざわざ遠くへ食べに行くのではなく、「食べたいな」というときに、揚げたてをすぐに頬張りたい。それがいちばんおいしいのです。だから自分で揚げます。

かりっと揚がったとんかつに、せん切りキャベツは必需品。ソースは、鎌倉・三留商店の薬膳ソースが定番です。

そしてあつあつのほうじ茶（ほうじ茶は金沢・丸八製茶場の加賀棒茶）。香ばしいほうじ茶が好きでふだんにもよく飲みますが、とんかつのときも必ず。おみそ汁ではなく、ほうじ茶で口の中をさっぱりとさせながら食べるのが好きです。

それから、ぬか漬けも欲しい。ぬか漬けにも、口の中や胃袋をさっぱりとさせてくれる役目があると思います。

なんにもないときでも、ぬか漬けさえあればご飯が食べられるし、ほっとする。ぬか床はひとり暮らしにこそあるといいです。おすすめします（詳しくは114ページ）。

献立

とんかつ

せん切りキャベツ

薬膳ソース

ほうじ茶

豚肉は私はロースを使います。とんかつ用のロース肉です。

小麦粉、溶き卵、パン粉をそれぞれバットに入れて並べます。卵は1個だと少量なので、バットの下の片端にたたんだふきんを敷いて斜めにするといいです。卵はよくこしをきっておきます。パン粉は生パン粉がいいです。

肉の全体にパウダー缶で粉をうっすらと均一につけ、余分な粉を落とします。こうすると多すぎる粉を使うことなく、粉雪をまとったようにまんべんなく粉をつけることができます。卵やパン粉もきれいについて、揚げているときに衣がはがれることもないです。

次に溶き卵をつけて、余分な卵液をきります。

最後に生パン粉の入ったバットに入れて、両手でパン粉を押さえるようにしてしっかり、でもふんわりとまぶしつけます。

これで衣がつきました。時間のあるときに衣をつけた状態にして冷蔵庫に入れておき、翌日揚げることもします。

油の量はとんかつがかぶるぐらい必要です。とんかつのように厚みがあって火の通りにくいものは、ぬるめの油から揚げます。とんかつを入れたときに、まわりからゆらゆらと泡が少し上がってくるぐらいの温度がいいです。

とんかつを入れたら触らずにじっくり揚げて、衣が色づいてかたくなってきたら裏返します。返すのは原則として一度だけです。弱めの火加減でしんまでしっかり揚げると、持ち上げたときにとんかつを軽く感じるはず。こうなったら一度引き上げます。そして油の温度を上げて、もう一度とんかつを入れ、最後に高温でサッと揚げます。こうすると油ぎれがよく、全部の衣が立った、おいしいとんかつができあがります。

残り野菜をかき揚げにするのは
母がやっていたこと。
かりっとして、おいしいのです。

野菜のかき揚げ

ひとり暮らしで揚げ物？　油がもったいない……と思う方もいるでしょう。でも、ひとり分の揚げ物なら少ない油ですむし、野菜のかき揚げを少し作ったあとの2回目の油で魚や肉を揚げるなど、油を使う順序を考えればいいのです。

揚げ物の中で私がいちばんよく作るのは、野菜のかき揚げ。そのときにある野菜、半端に残っている野菜を集めて、粉をつけて揚げます。これは母がやっていた残り野菜の食べ方で、かりかりでとても美味。野菜がメインなので、新しいきれいな油で揚げます。

キャベツ(外葉も)、にんじん(あれば葉っぱも)、春菊、モロヘイヤ、じゃがいも、玉ねぎ、長ねぎ、しいたけなど、そのときにある野菜で作ります。何種類か組み合わせるのが愉しく、その場合は形や大きさをある程度そろえて、火が通りやすいように細切りや薄切りにするのがいいです。春菊や三葉などの葉物はかわいい形を生かすように、食べやすくちぎります。

野菜だけでもいいですが、桜えびやじゃこ、ひき肉や裂いた魚の干物などのたんぱく質が少し入るとうまみが増します。

大きなボウルに具材を全部入れて、小麦粉をふり入れ、両手でしっかり混ぜます。葉っぱの一枚一枚、裏表にしっかり粉がまぶさっているのが理想。

水を少し加えて混ぜます。小麦粉＋水は素材どうしをくっつける糊の役目です。糊はできるだけ少なめがいい。手で握ったときに野菜がまとまるぐらいが目安です。水を入れすぎた、と思ったら小麦粉を足して混ぜればよし、です。

揚げ鍋に油を注ぎます。たくさん揚げるときは、鍋の深さの半分ぐらい。少量ならば深さの三分の一ぐらいで大丈夫。弱めの中温に熱します。たねを入れたときに散らばらずに、ぎりぎり固まってくれるぐらいの温度です。

平たいへらや大きなスプーンのようなものでたねを少しすくって、菜箸で形をととのえ、すべらせるようにして静かに油の中に入れます。触らずに静かにじっくり揚げます。下がしっかり固まってきたら上下を返し、表面を菜箸で軽くたたいてみて、かんかんという感触になれば引き上げます。

油がよければ冷めてもおいしいかき揚げです。私は多めに作って冷凍しています。これがあると、ひとりのお昼にかき揚げうどんが食べられる。小さなかき揚げは冷凍庫から出すとすぐにやわらかくなってくるので、あらためて解凍しなくても、熱いおつゆをかけるだけでおいしくいただけます。

貝と水
これさえあれば、すぐに豊かな食事ができる。

貝と水を火にかけるだけで
おいしい汁物ができるのだから、自然の力はすごいです。
貝のおつゆは、味つけやハーブで様変わりします。
しょうゆをたらし、万能ねぎを散らせば和のおつゆに。
レモングラス、バイマックルー、しょうが、
ヌクマムを加えればベトナムやラオスの味に。
トマト、オリーブオイル、にんにく、ケイパー、
イタリアンパセリを入れて、レモンを搾れば、
南イタリアの海辺のスープのできあがり。
旅するように、ふだんの食事を愉しみましょう。

ハーブやスパイスでいかようにも！
うちのごはんの国籍は
ボーダーレス。

献立

あさりとしじみの麺
ゴーヤときゅうりのあえ物

あさりのおつゆに半分に切ったミニトマトをたくさん入れて、少々の塩で味をつけた洋風のスープをよく作ります。たっぷりのしじみを水から煮れば、白濁した濃厚なだしが出て、これでエスニック風の麺を食べるのも最高です。貝のおつゆ＝和食と思い込まずに、自由な発想で料理をしていいのです。

あさりは塩水につけて砂出しをします。しじみは真水で砂出しをして、貝殻が汚れていることが多いので、水を何回も取り替えてよく洗います。

あさりの旬は春。しじみの旬は7月です。旬のおいしいものをいただくのが一番です。少量でできるので、貝のスープはひとりの食事にもってこいです。しじみは貝の口が開いてもしばらく煮て、うまみをしっかりおつゆに出し、一度こしてから使います。

あさりとしじみの麺

エスニック風……ではあるけれど国籍不明。私が好きでよく作っている麺です。あさりだけでもいいけれど、こくのあるしじみと合わせてみたら、文句なしの素晴らしいスープになりました。

砂出ししたあさりと水を鍋に入れ、好みで香菜の茎、にんにく、赤唐辛子も加えて蓋をして火にかけます。貝の口が開いたら、しじみのおつゆをしじみごと加え、塩、好みでヌクマムを加えて味つけします。

このおつゆで、稲庭うどんの細いタイプを食べるのが決まり。麺をゆでて器によそい、温かいおつゆをたっぷり張って、ごま油をひとたらし。香菜をふわりとのせていただきます。

ゴーヤときゅうりのあえ物

麺が温かいので、冷たいおかずを添えて献立に。

ゴーヤときゅうりを細切りにして塩でもみ、水気を絞り、ごま油を少しからめます。この組み合わせはおすすめです。夏になると、しょっちゅう作るお気に入り。

玄米ご飯・その2
炊きたてにオリーブオイルをかける、私のとっておき。

炊きたての玄米を大きなボウルに移して
オリーブオイルをたらりとまわしかけ、
塩をぱらぱらとふって、口に入れてみてください。
「これは！」と思うはず。香ばしくておいしくて。
のりで巻いて食べるのも最高ですし、
野菜をたっぷり混ぜてサラダ仕立てにしても。
スパイスをまぶして焼いたラムや
チキンと一緒にヨーグルトソースで食べる
中東風の料理とも相性抜群。
〝＋オリーブオイル〟で玄米の世界が広がります。
ふだんの食事がパワーアップします。

たっぷりのミントで作るモヒート。
フレッシュなミントをクロックヒン
（スパイスをつぶすための石うす）などに入れて、
すりこぎでよくたたいて香りを出します。
グラスにラム（国産の南大東島のラムも美味）を注いで
きび砂糖を加え、クラッシュアイスとミントを入れ、
ライムを搾り入れて、よく混ぜれば完成。

どうして、玄米にオリーブオイルを合わせてみようと思ったのかというと――。きっかけはイタリア暮らしです。

イタリアにはスペルト小麦という、3000年以上前からの小麦があって、サラダやスープでも食べます。初めてスペルト小麦を食べたときに、ぷちぷちとした食感で「玄米に似ているな」と。それで日本で、玄米にオリーブオイルをかけて、イタリア風のサラダなどを作るようになりました。

マルフーガのオリーブオイルと出合ったことも、大きいです。まだ現地のイタリア語学校へ通っていた二十数年前に、近所のエノテカで「今日のオイルがないから1本買いましょう」と、ふと手に取ったのがマルフーガ社のオリーブオイル。

あまりにおいしいので、イタリア中部の山あいにあるマルフーガ社へ訪ねていき、以来おつきあいが始まって、自分で直接輸入するように。誰も知らないような小さな会社だったマルフーガが、今や世界中のコンクールで賞をとる存在になったのは、やはり、特別おいしくからだにいいオイルだからです。先代社長がいつも「一緒に成長したね」と口ぐせのように言ってくれるのはうれしいこと。

野草の香りがする澄んだ味のマルフーガのオイルだからこそ、玄米ご飯にかけてみようと思ったのです。

玄米+オリーブオイルは、和でも洋でもエスニックでもいけます。たくあんと一緒に食べても美味。夏はとうもろこしご飯をお試しあれ。蒸してぱらぱらにしたとうもろこしを玄米ご飯に混ぜ込むと「食べすぎ注意」のおいしさです。

おかずは肉や魚のマリネ

肉や魚に塩をして、ハーブやにんにく、オリーブオイルでマリネしたものは玄米によく合います。

足の早いチキンもマリネすればうまみが増し、日もちもよくなります。

豚肉も牛肉もラムも、鯛や生鮭の切り身も、頭とおなかを取ったいわし、三枚におろしたあじなどもマリネします。肉や魚を買ってきてすぐに食べないときは、マリネしておけば、食べたいときにフライパンで焼くだけでいい。ひとりの食事にこれほど便利なものはありません。

そして、マリネした肉や魚のおかずと合うのが、オリーブオイルであえた玄米ご飯です。「白いご飯じゃないわよね、かといってパンでもないし」というときはたいてい、うちではオリーブオイルあえの玄米ご飯の登場です。

献立

玄米ご飯＋オリーブオイル
ラムのスパイス焼き
トマトときゅうりとミントのサラダ
ヨーグルトソース
モヒート

ラムのスパイス焼き

塩、たたいたにんにく、スパイスをラムにすりこみ、オリーブオイルをかけてマリネします。スパイスはクミンやカレー粉などお好みのものを。私がよく使う次女作のミックススパイス〝Moroccan BBQ SPICE RUB〟にはオールスパイス、クミン、ローズペタル、オレンジピールなどが入っています。

30分以上(冷蔵庫に1日おいても)味をなじませてから、熱した鉄のフライパンで両面をかりっと焼きます。

トマトときゅうりとミントのサラダ

ミニトマトは半分に切り、種を取ります。きゅうりは1㎝厚さの輪切りにし、紫玉ねぎは厚めの薄切りにして、それぞれ軽く塩をふり、少ししんなりしたら水気を絞ります。

野菜をボウルに入れてライムを搾り、ちぎったミントを加えてあえ、香菜を添えます。

ヨーグルトソース

乳脂肪分が高めのヨーグルトを使います。さっぱりめのヨーグルトに生クリームを加えてもいいです。ヨーグルトを好んで食べるほうではない私も、このソースで中東風の料理を食べるのは大好きです。

ヨーグルト(またはヨーグルト＋生クリーム)をボウルに入れて、塩とおろしにんにく少々、レモンの搾り汁を加えて混ぜます。分量は適当。食べてみて、おいしいと思う味になればいいのです。肉につけたり、玄米ご飯に混ぜて召し上がれ。玄米とヨーグルトの組み合わせ、ヘルシーの極みです。

リゾット
日本のお米で作るのが最高。ぜひ作ってください。

ひとりの食事はマンネリになりがち？
だとしたら、イタリア料理を身につけるといいです。
中でもリゾットはおすすめ。
自分で作るとおいしいし、作り方も覚えてしまえば簡単。
お米を長時間浸水させる必要がなく、
いつもキッチンにあるもので作れるので
「ちょっとおなかがすいたな」というときにも
すぐに作って食べられます。
冷えたスプマンテと一緒に、
優雅なひとりごはんの時間を愉しんで。

献立
しいたけのリゾット
あじのカルパッチョ
フランチャコルタ

リゾットの作り方

米1、ワイン1、スープ3。この割合さえ覚えておけば、リゾットはそらで作れます。

米はひとり分なら¼カップ、ふたり分なら½カップもあれば充分。私は米を洗ってざるに上げます。

厚手の鍋を温めて、鍋肌になじむぐらいのオリーブオイルとバターをひきます。玉ねぎ（あるいはエシャロット1個でも）のみじん切りを入れて炒めます。玉ねぎはほんの少し入ればよくて、ひとり分ならみじん切り小さじ2杯ぐらい。

玉ねぎの甘みが出るようにじっくりと透き通るほどに炒めたら、米を入れて、米も透明になるまで弱火で炒めます。ワインをじゅっと注ぎます。米と同量ですから、ひとり分なら¼カップ。飲み残しのワインがあればそれを使って。

ワインを入れたら、蒸発させたいので中火ぐらいの火加減にします。軽く混ぜて、水分がほとんどなくなるまで煮たら、スープ¼カップ強(1回めのスープ)を注ぎます。

日本のお米は粘り気があるので、あまり混ぜないほうがいい。でも、ほうりっぱなしだと鍋底にお米がはりつくので、木べらで鍋底をかくようにして、米を動かしながら煮ます。

1回めのスープの水分がなくなり、鍋底に木べらでかいたあとがすーっと残るようになったら、スープ¼カップ強（2回めのスープ）を注いでさっと混ぜて煮ます。2回めのスープの水分がなくなったら、3回めのスープ¼カップ強を注ぎ、3回めは蓋をして小さな火で10分煮ます。

10分煮たら蓋を開け、パルミジャーノのすりおろしとバターを加え、クリーミーになるように混ぜて器に盛ります。チーズもバターもたっぷり入れたほうがおいしいです。これでできあがり。

リゾットはお皿に盛ったときに、だらりとならずにそのままの形にとどまっていることが大事。お米がスープやワインのうまみをしっかり吸っている証拠です。最後の一煮は煮えかげんに注意して、家ならではのおいしいリゾットを作りましょう。

しいたけのリゾット

しいたけのリゾットは本当においしい。軸はかたいですが、ここに濃いうまみがあるので、私は必ず使います。ひとり分で3〜4個のしいたけを軸とかさとに分けて、軸は手で食べやすく裂き、かさは縦に4等分ほどに切ります。

2回めのスープを入れるタイミングで、リゾットに軸を加えます。かさは3回めのスープを加えるときに一緒に入れ、蓋をして弱火で10分煮ます。

煮上がったら、きのこには生クリームがよく合うので、生クリームと、パルミジャーノのすりおろしをたっぷり加えてクリーミーになるように混ぜます。お皿に盛り、さらにパルミジャーノをすりおろし、黒胡椒をたっぷりひいて食べるのが好きです。

あじのカルパッチョ

刺身はしょうゆをつけて食べるもののみにあらず。レモンとオリーブオイルをきかせたカルパッチョで食べてみてください。さわやかなおいしさでうれしくなってきます。鯛やひらめなどの白身魚、いかやたこなど、青背のあじも向きます。

うちのカルパッチョは、お皿に玉ねぎをたっぷり敷いて、上に魚介を並べ、イタリアンパセリの緑のソースをかけるスタイル。お店などではお皿にじかにペタンと魚が並んでいることが多いですが、それだと取りにくくて。たっぷりの玉ねぎが敷いてあれば、玉ねぎごと刺身を取りやすく、また一緒に食べておいしい。それで、このスタイルになりました。

あじは三枚におろし、皮をひいて骨を抜き、軽く塩をふります。尾のほうから斜めのそぎ切りにします。魚の大きさにもよりますが、片身を5〜6等分の食べやすい大きさに切ればいいのです。切ったら冷蔵庫で冷やしておきます。

玉ねぎは紫玉ねぎが歯ごたえがよく、色もきれい。紫玉ねぎを薄切りにして水にさらしておきます。

ソースを作ります。塩漬けのケイパーを水に浸して、軽く塩を取り、水気を絞ります。イタリアンパセリと赤唐辛子はみじん切りに。これらをボウルに入れて、好みでおろしにんにくを加え、レモン汁、オリーブオイルを加えて混ぜます。

盛りつける皿に、水気をきった紫玉ねぎを敷いて、あじを並べ、レモンをたっぷり搾りかけます。上にソースをかけて完成です。あれば国産のレモンを薄く切って添えると、香りがとてもいいです。

いかやたこをカルパッチョで食べるときは、ソースにトマトを入れるのがおすすめ。ミニトマトを8等分ぐらいに切って、オリーブオイル、おろしにんにく、細かいみじん切りにしたイタリアンパセリを混ぜると、すごくきれいなソースができます。それを、薄切りにして塩をしたたこやいかにかけて食べる。これもとってもおいしいです。お試しあれ。

パスタ
「忘れられないおいしさ」を日常化するコツ。

シンプルなトマトソースのパスタを
みなさんにお出ししたら、
「忘れられないおいしさです」と
言われて驚きました。だって、
パスタは誰もが作っているでしょう？
日常にサッと作ってひとりで食べるパスタこそ、
本当においしくないともったいないです。

パスタの選び方

うちのパスタがおいしいと言われるのには……いくつか理由があると思います。順を追ってご説明しましょう。

パスタはVoiello、またはFaella。どちらもネットで手に入ります。ソースによって太さなどを変えています。野菜のソースならスパゲッティかショートパスタ。魚介のソースなら細めのスパゲッティーニなど。ラグー（煮込みソース）なら太めのロングパスタかショートパスタ、という具合です。

ペンネなどのショートパスタも常備しています。ショートパスタは時間がたってもおいしく食べられるので重宝です。

大事なのは塩味のつけ方

ゆで湯の量は「パスタ１００ｇにつき、１ℓ」が目安。ですが、２００ｇなら２ℓでよいのだけれど、パスタの量が少ないとき（たとえば１００ｇ）は、1.5ℓぐらいと、ゆで湯をやや多めにしたほうがいいです。

お湯が沸いたら塩を入れます。塩は湯１ℓにつき、大さじ⅔〜１が目安。ソースにアンチョビなど塩気のあるものを入れるときは、ゆで湯の塩は少なめに。ソースの味を考えながら、私は必ず「ゆで湯の味見」をします。

またトマトなどの野菜のソースのときは、野菜の自然な甘さを生かすために、ソースには塩はほとんど入れず、パスタのほうに塩味をつけたほうがおいしいです。

ゆで時間が短い理由

ゆで時間は、袋の表示時間よりも2分短めにタイマーをセットします。10分ゆでるスパゲッティなら、8分でお湯から引き上げます。その前に1本つまんで食べてかたさを確かめます。自分好みのかたさに仕上げるためには必須の作業です。そしてざるにあけずに、ゆでている鍋から直接、パスタをトングなどで引き上げて、隣にあるソースの鍋に移します。ゆで湯がソースの中に入りますが、それがむしろ好都合。塩気のあるゆで湯がほどよく加わることで、ソースに味がつくし、水分があるとパスタをからめやすいです。

パスタをソースの鍋の中に入れ、ソースをしっかりからめます。これをしたいから、余熱で火が通ることを計算して、2分ぐらい早く引き上げるわけです。ソースがしっかりからんでいて、ちょうどいいかたさになっている、これがおいしいパスタです。

献立

ブロッコリーのパスタ
チキンのハーブソテー

アリオ・エ・オリオ・エ・ペペロンチーノ

にんにく赤唐辛子オイル（アリオ・エ・オリオ・エ・ペペロンチーノ）は、いちばん基本のパスタソース。ひとり分なら、にんにく1かけをみじん切りにして、鍋（またはフライパン）に広げて入れます。冷たいオリーブオイル大さじ1½ぐらいを注ぎ、弱い火にかけて、オイルの中でにんにくを泳がすようなつもりで、じっくりとにんにくに火を通します。

いい香りがして、にんにくがかりっと色づいたら、やはりみじん切りにした赤唐辛子½〜1本分を加えます。これでアリオ・エ・オリオ・エ・ペペロンチーノのできあがり。

ブロッコリーのパスタ

ゆでたブロッコリーのシンプルなパスタですが、一度食べると誰もがやみつきに。これは南イタリアのプーリア州のパスタで、私は現地と同じように手打ちのオレキエッテで作ることもありますし、ペンネで作っても充分においしいです。

ブロッコリー½株をナイフで大きめの小房に分けます。茎を少しつけて、縦に裂くように切るのがいいです。

このパスタは、アリオ・エ・オリオ・エ・ペペロンチーノのソースに、アンチョビ（ひとり分2〜3枚）を必ず加えます。赤唐辛子を加えるタイミングでアンチョビを入れて、木べらで軽くつぶしてソースになじませます。

ペンネをゆではじめるときにソースを作りはじめます。お湯を沸かして塩を入れ、ペンネ（太めのロングパスタでも）を入れたら、すぐにかき混ぜます。ブロッコリーも加えて一緒にゆで、ブロッコリーがゆだったらソースの鍋に入れていきます。ちょっとかためのブロッコリーがあったり、やわらかいのがあったりするのがおいしい。

ブロッコリーを木べらで少しつぶして、オイルソースとなじませます。パスタのゆであがりがまだならば、ソースのほうはここでいったん火を消します。パスタがゆだったら、しっかりめに水をきり、ソースの鍋に移します。ブロッコリーのソースに水分があるので、この料理に関してはパスタの水気をしっかりきります。再び火をつけて、ソースとパスタをよくあえます。これで完成。

私は同じ作り方で、カリフラワー、菜の花、いんげん、キャベツ、アスパラガスなど、いろいろな野菜のパスタを楽しんでいます。季節の野菜がたっぷり食べられるパスタです。

チキンのハーブソテー

野菜のパスタには、かりっと焼いたチキンが合います。61ページにも書きましたが、チキンはハーブやオイルでマリネしておくと本当に便利。ローズマリーの香りがよいし、日もちがするし、フライパンで焼くだけでおしゃれな一品ができてしまう。こんなにいいことはないです。

鶏のもも肉(胸肉でも)に塩、胡椒をふり、たたきつぶしたにんにく、ローズマリー、オリーブオイルをまぶしつけて冷蔵庫に入れておけばいいのです。

食べるときも、温めたフライパンで焼くだけ。マリネに使ったハーブやにんにくごと、チキンを皮目からフライパンに入れてじっくり焼きます。おいしそうな色がついたら返して、裏面もじっくり焼きます。皮がかりっとして、身がふっくらジューシーな肉料理の完成です。

トマトソースのパスタ

うちのトマトソースは「こんなの食べたことがない」そうです。中には「あぁ、おいしい……」とため息をつく人も。

日本のトマトは甘すぎるので、私はイタリアのトマトの水煮で作ります。ピエンノロトマトという、ナポリ周辺でとれる品種で作るトマトソースが格別おいしいです。あるいは良質のパッサータ(トマトの水煮の裏ごし。市販品)で作っても充分おいしくできます。

皮つきのピエンノロトマトの水煮(1瓶520g)をムーランで裏ごしします。皮と実の間のぎりぎりのところに、うまみがあるのです。だからめんどうでも皮のぎりぎりまで裏ごししたい。これがおいしさの決め手です。裏ごししたトマト(またはパッサータ)と、やはりイタリアのチェリートマトのソース(モンテロッソ社のものなど。1瓶330g)を鍋に入れてやさしい火で煮詰めます。木べらで鍋底をかくと、すーっとあとが残るぐらいにしっかり煮詰めます。これでソースは完成。

トマトソースには塩を入れないので、パスタのゆで湯に塩をきかせます。けっこうしょっぱいお湯でゆでます。

ソースを温めて、ゆだったパスタを加え、よく混ぜます。さらにオリーブオイルをかけてもよいでしょう。これだけでもいいですが、モッツァレラ(トマトによく合います)を適当に切って加え、しっかりあえるとこくが出ます。器に盛り、パルミジャーノをたっぷりすりおろして、バジルを添えていただきます。

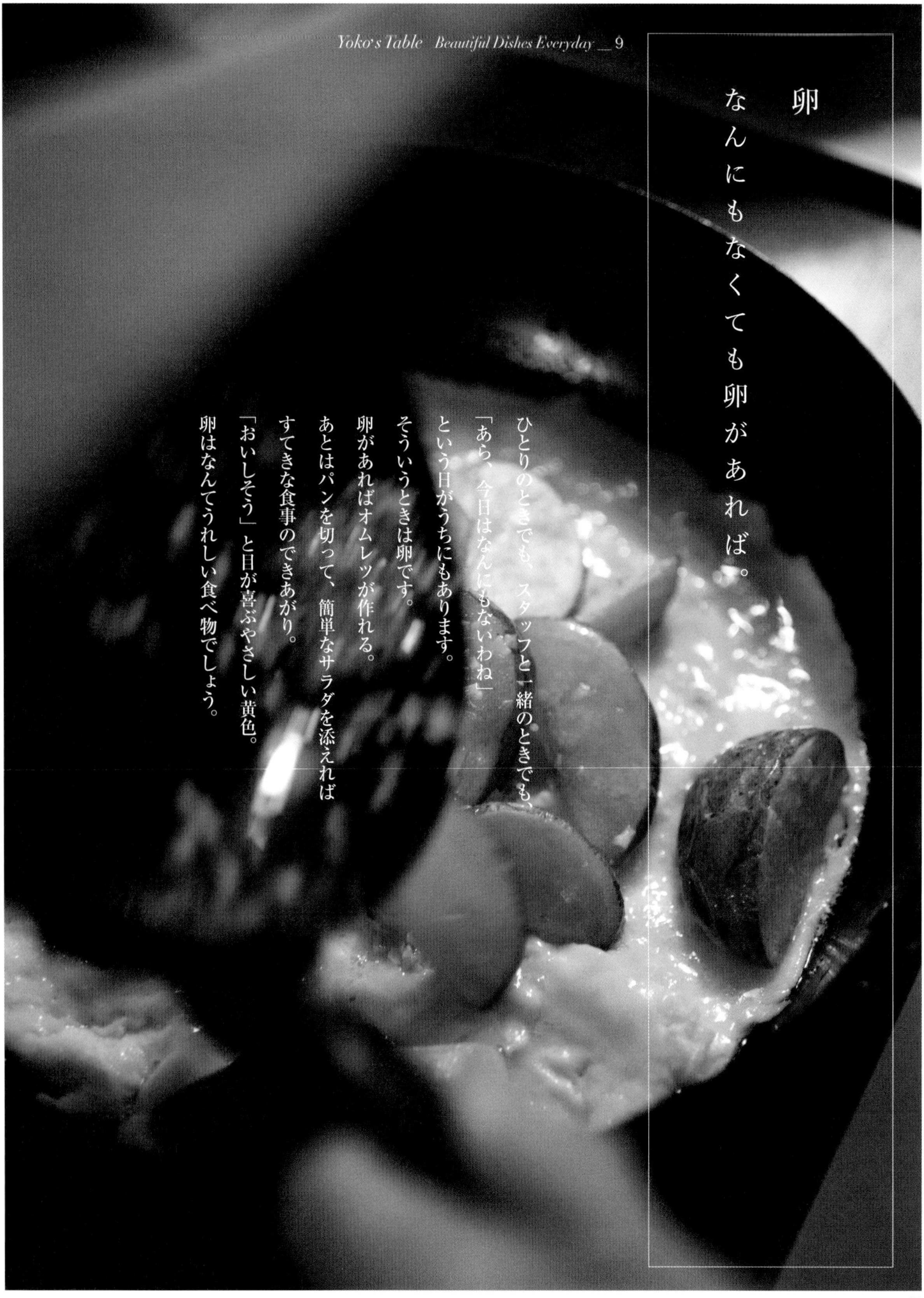

卵

なんにもなくても卵があれば。

ひとりのときでも、スタッフと一緒のときでも、
「あら、今日はなんにもないわね」
という日がうちにもあります。
そういうときは卵です。
卵があればオムレツが作れる。
あとはパンを切って、簡単なサラダを添えれば
すてきな食事のできあがり。
「おいしそう」と目が喜ぶやさしい黄色。
卵はなんてうれしい食べ物でしょう。

献立

ハーブとチーズのオムレツ
葉っぱのサラダ
パン・ド・カンパーニュ　イタリアのバター

ハーブとチーズのオムレツ

私がよく作るのは、フリッタータと呼ばれるイタリア式のオムレツです。卵3個をボウルに溶いて、塩をほんのひとつまみ混ぜます。鉄のフライパンを温め、オリーブオイルをひいて鍋肌になじませ、バター大さじ2ぐらいを入れます。バターがじゅわじゅわと泡立ったところへ卵液を流します。

ふくらんできたら箸でたたき、半熟になったら火を止めて、チーズ（パルミジャーノや2年熟成のゴーダ）をすりおろしてお皿へ。ルッコラ、クレソンなどベランダから摘んできたハーブをふわっとのせ、黒胡椒をひき、粗塩をふっていただきます。葉っぱのサラダを添えてワンプレートに。

フライドポテトのオムレツ

うちの冷凍庫には、じゃがいもがよく入っています。皮はむいてもいいし、皮ごともおいしい。食べたい大きさや形に切って、塩水につけて表面のでんぷんを落とし、次に塩少々を入れたお湯で5分ゆでます。こうして下処理したじゃがいもは冷凍できるのです。生から火を通すのは時間がかかるけれど、下処理をした冷凍じゃがいもは、凍ったまま使ってもすぐに火が通るのが魅力。食べたいだけ冷凍庫から出して、ソテーにしてもいいし、みそ汁の具にしてもいいし、オムレツの具にしてもおいしい。

フライドポテトのオムレツ、おすすめです！　自家製冷凍ポテトを素揚げし、揚げたてに塩をぱらぱらとふります。小さなフライパンに、にんにくのみじん切り½かけ分、オリーブオイル大さじ½を入れて弱火にかけ、にんにくがきつね色になったら、素揚げしたポテトを入れて、にんにくオイルをからめます。ハーブのオムレツと同様にフライパンで卵を焼き、片側ににんにくオイルをからめたポテトをのせ、そのままオープンオムレツでもよし、卵焼きをかぶせて半月形でもよし。おいしくて、おなかが満ち足ります。

藤次郎作

イタリアのオムレツ、フリッタータは本当に気軽なお料理。広めのフライパンに卵液を流して焼き、なんにもなければチーズをすりおろすだけでＯＫ。冷蔵庫に何かあれば、それをお供にすればいいのです。

生ハム、サラミ、スモークサーモン、さばのフィレ缶、じゃこはそのままで。ウィンナーは食べやすく切ってソテーして。玉ねぎやきのこもソテーして具にします。ミニトマトはスライスしたり、小さく切って。

それからハーブ類。卵によく合うのはタイム、セージ、ローズマリー、オレガノ、イタリアンパセリ、チャイブなど。

具は1種類でも組み合わせてもお好みで。サーモンと玉ねぎのスライスもおいしいし、きのことタイムやオレガノもよく合います。あつあつのオムレツをトーストにのせて食べるのも私は好きです。

ワイン
私の愉しみ方。

なくてはならないものだけれど、
お酒はたしなむ程度。
赤ワイン1本をあけるのに2～3日ぐらいかかります。
それで、いいワインほど開栓後もおいしく飲めるので
「ひとりのときこそ上等なワイン」とわかりました。
残ったワインのとっておきの愉しみ方もあります。
深みのあるボルドー色と向き合うひととき。
気ぜわしい日常から離れて
豊かな時の流れに身をゆだねるのもいいものです。

私とワインの関係

1日のうちでお昼ごはんをいちばんしっかりいただくので、夜はお酒と何かつまむものですませることも多いです。ワインのおつまみも大事な「食事」です。

赤ワインを開けるなら、おいしいサラミやプロシュートやチーズ、きのこのアヒージョやレバーペーストなどをおつまみに。そうしたものでワインをゆっくりと味わって、飲みきれない分は、それはそれでお愉しみがあるのです。

ヴィンコット

飲み残したワインは、もちろんビーフシチュー（108ページ）などの料理に使います。リゾット（64ページ）を赤ワインで作ってもおいしいです。

もうひとつ、残った赤ワインの愉しみがあります。それはヴィンコット。南イタリアでこう呼ばれています。

赤ワインを鍋に入れて、中火ぐらいの火加減で煮詰めます。途中ではちみつを加え、20分の1ぐらいの量になるまで煮詰めます。さらさらだったワインがとろっとしてきたら、そこからは煮詰まるのが早いので最後は火を弱くして、焦げないように様子を見ながら煮詰めます。

鍋の中では、少しとろりとしているぐらいのできあがりがいいです。冷めるととろみが増します。完全に冷めるとかたくなるので、粗熱が取れたら瓶に移します。

ヴィンコットは香りがよく、ものすごく上等なバルサミコのよう。ジャムみたいにパンに塗って食べてもいいし、チーズと一緒に食べても素晴らしく美味。そう、ワインのおつまみにも最高です。

かりかりパン

食べきれないバゲットは、かりかりパンにしておきます。薄く切って、150℃ぐらいのオーブンでかりかりになるまで焼くだけ。こうして水分を飛ばしたパンは、密閉容器に入れておけば、ずっともつ。「これ、3か月ぐらい前に作ったのだっけ？」という感じです。ヴィンコットとチーズ、レバーペースト、カルパッチョをのせて食べるとおいしい。

献立

赤ワイン

レバーペースト　かりかりパン

ヴィンコット　ブルーチーズ

まろやかな赤ワインのおいしさを引き立てるのは、舌の上でとろけるレバーペースト。そして、赤ワインを煮詰めたヴィンコットとブルーチーズの濃厚なうまみの組み合わせ。かりかりパンにのせれば、食べやすい上に香ばしさもプラスされて、まさに至福の「食事」です。

レバーペースト

うちのレバーペースト、ちょっとした人気です。ハーブとブランデーとバターが決め手で、レバーが苦手という方もこれなら好きって言う。作っておけば日もちがするし、自家製レバーペーストが冷蔵庫にあるって、なんだか気分がいいこと。ぜひ作ってみてください。

鶏レバー150gは、厚みを半分にスライスして、流水にさらして血抜きをします。水がきれいになったらレバーを取り出し、水気を拭きます。

にんにく1かけ、玉ねぎ1/3個をざく切りにします。オリーブオイル大さじ1、バター大さじ1弱で炒めて、玉ねぎが透き通ってきたらレバーと生のタイム少々を入れ、炒め合わせます。

蓋をして弱火でじっくり火を通します。塩、胡椒で軽く味をつけ、ブランデー(グラッパ、ウイスキーでも)大さじ2〜3を注ぎ、強火で煮立ててアルコール分を飛ばします。

これを温かいうちにフードプロセッサーにかけるのが、なめらかに仕上げるコツ。フードプロセッサーの蓋を取って、粗熱を取り、少し冷めたところでバター40g、塩少々を加え、再びフードプロセッサーにかけます。

フードプロセッサーのまま冷蔵庫に入れ、完全に冷えたら出します。生クリームを少量ずつ加え、そのつどフードプロセッサーのスイッチを3〜4回押して、さらになめらかに攪拌すればできあがり。冷凍で長期間もち、いつでも好きなときに出して食べられます。急な客人にも便利です。

2章

Yoko's Table
Beautiful Dishes Everyday

作ることも愉しむ、私のとっておき

いつも、ではないけれど大好きな食事。

花束のようなサラダ

オレンジや赤や黄色の茎のスイスチャードが、自宅のテラスのプランターにはえています。サラダ菜やルッコラや、ナスタチウムなどのハーブも。

寒くなってくると、市場にも色のきれいな葉野菜が出まわります。色や形がかわいい葉っぱやハーブが何種類かそろったときは、花束のようなサラダを愉しみます。

野菜をたっぷりの冷水に泳がせて、水気をきります。葉っぱに元気がないときも、冷水(夏場なら氷水)にしばらくつけておくと、見違えるほどぴんとします。

野菜が元気になったら水気をきり、ステンレスのざるを重ねたボウルの中に入れて、ステンレスのプレートを蓋にして冷蔵庫に入れておく。こうすると、野菜がさらにしゃんとします。このまま1週間ぐらい平気でもってくれます。

事前に野菜の養生をしておくことは大事。これはサラダに限らず、葉野菜全般に共通の私の下ごしらえです。

お皿を額に見立てて

サラダを作りましょう。冷蔵庫から野菜のボウルを出してきます。バットを縦長に置き（楕円のお皿に見立てています）、この上で野菜やハーブを、花束を作るようにバランスを見ながら手でまとめていきます。

盛りつけるお皿の上で、先にドレッシングを作ります。このサラダは、料理の下にソース(ドレッシング)を敷くのです。皿にオリーブオイルをひき、ビネガー（白ワインビネガーでもレモン汁でもお好きな酸味）をふりかけ、塩をぱらぱらと全体にふり、胡椒も全体にひきます。

この上に、バットの上で作った花束をそっと移す。これでできあがりです。

テーブルに運んで、まずは目でサラダを愉しみます。ひとりでこんなことをするのは、なんだか贅沢。でも、こうしてひとりでちゃんと食事を愉しんでいれば、人が来たときにも相手を喜ばせることができると思うのです。

食べるときはお皿の上でさっくりとサーバーで返せば、ドレッシングが野菜に自然にからんでくれます。好きなチーズや生ハムやパンと一緒に。ワインの欲しくなる、ちょっとおしゃれな食卓です。

全部の皮がかりかりの焼き餃子

「餃子のおいしい店」と言われる店はたくさんあるけれど、私は自分で作ったものがいちばん好きです。

皮から作ります。ひとり分の少量なららくちんです。少量でも、一度に6、7個食べるとしたら、4回分ぐらいはできるから、最初に全部ゆでて冷凍しておきます。そうすれば、好きなときに焼き餃子が食べられる。うちの餃子が三角なのは、全部の皮がかりっかりの焼き餃子が食べたいから。

実は、この香ばしさが恋しくて餃子を作るのです。

餃子の皮を作る

皮作りは簡単です。強力粉150gをざるでふるいながら、大きなボウルに入れ、水を少しずつ加えて指先で粉となじませます。水の総量は80㎖ぐらい。でも、私ははからないです。粉の状態によって水分量が違うので、手の感触を頼りに皮を作ったほうが失敗しないです。

ややかための耳たぶぐらいに、最初は生地をまとめたい。そこを目指して、粉が多かったら水を足す、水分が多かったら粉を足す。それでいいのです。臨機応変にいきましょう。

粉に水がなじんで、生地がひとつにまとまったら、打ち粉（強力粉）をした台の上に出してこねます。手のひらのつけ根で手前から向こうへ、ぐいっと押すようにしてのばす。手前に生地を戻して向きを変え、ぐいっと向こうへ押し出すようにのばす——。これを数回繰り返します。

生地がなめらかにまとまったら、20～30分室温におく。ねかせることで、粉の深部にまで水分が入っていきます。

ねかせた生地はなめらかになっているはずです。

生地をナイフで縦に4等分に切ります。手に粉をつけて4本の棒状にのばし、1本を6等分ほどにナイフで切ります。6等分というのも目安で、皮を小さくしたければ8等分でも10等分でもいいのです。生地をごぼうを乱切りにするように三角形に切っていくと形が均一になりやすいです。

切った生地を手のひらで丸めます。これを小さな麺棒で丸くのばせば、餃子の皮のできあがり。

きれいに作るのが私は下手で
形がうまくないです。でも、味はいいです。

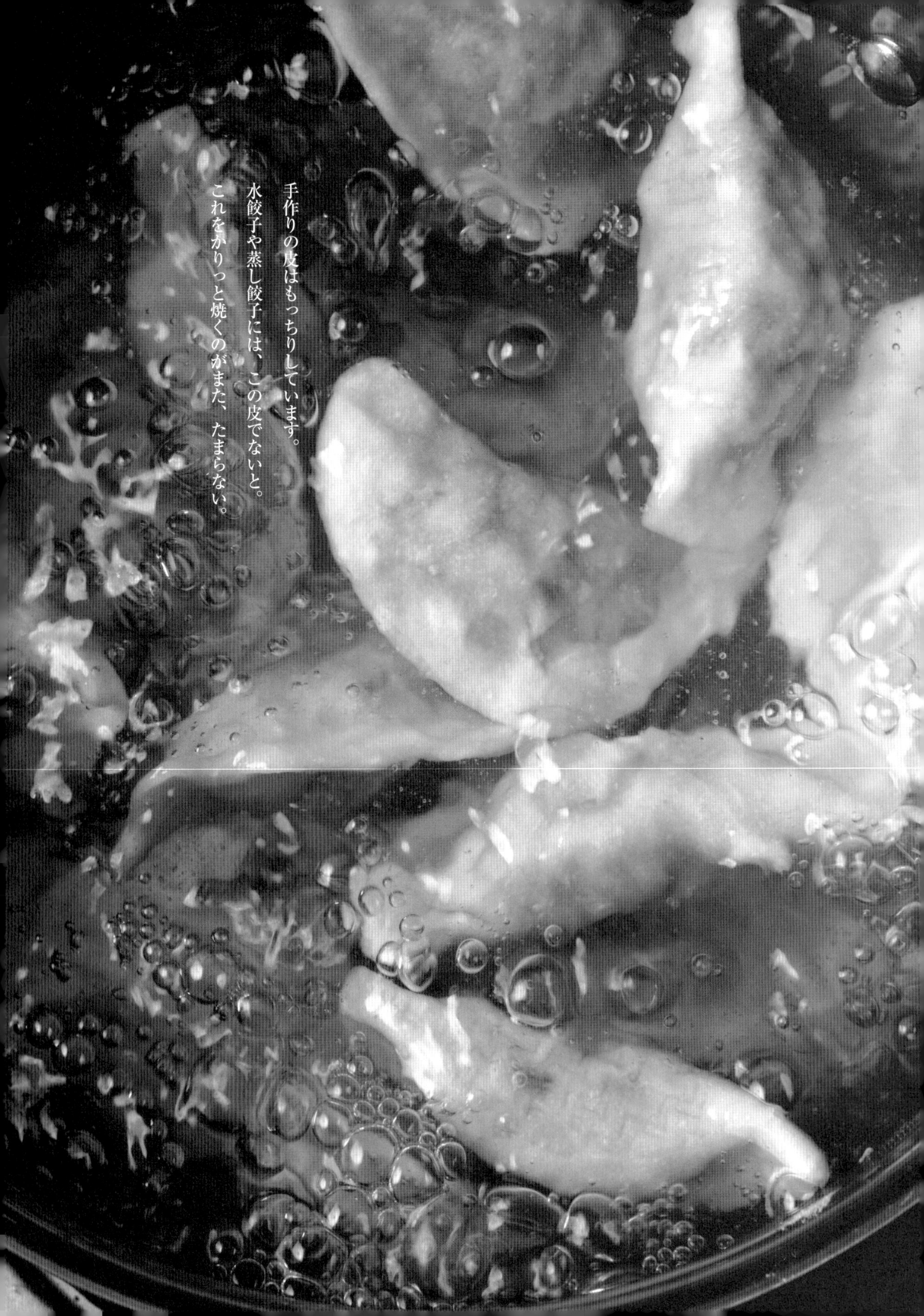

手作りの皮はもっちりしています。
水餃子や蒸し餃子には、この皮でないと。
これをかりっと焼くのがまた、たまらない。

あんを作る

豚肉を使います。脂肪が多めの細かいひき肉に、豚肩ロースを粗めにごろごろにたたいたものを混ぜます。こうすると歯ごたえのいいジューシーなあんができます。

豚肉が150gぐらい。にら1束、キャベツ3〜4枚、長ねぎ5〜6㎝、しょうが½かけをそれぞれみじん切りにして、肉に混ぜます。ごま油、しょうゆを大さじ½ぐらい加えて、好きなので私は胡椒をたっぷりひいて混ぜます。

包む

皮であんを包みます。手作りの皮は水をつけなくても口がくっつきます。私は全面がこんがり焼けたのが好みなので、焼きやすいように三角形になるように包みます。包むのが下手な私にはもってこいの形です。

包んだ餃子はざる(ラバーゼ角ざる)にのせていくと、底がくっつきにくいです。

餃子の食べ方

水餃子も焼き餃子も、たっぷりの同じたれで食べます。たれは小ボウルにしょうゆ、ごま油、豆板醤、おろしにんにく、酢各適量を混ぜたもの。

すべての餃子をゆでます(あるいは蒸してもよいです)。湯を沸かして餃子をゆで上げたら、まずは熱いうちに水餃子(あるいは蒸し餃子)でいただきます。もちろん好きなだけ、たれにどぼんとつけて召し上がれ。

残りの水餃子は角ざるに並べて冷凍し、凍ったら6〜7個ずつ、ファスナーつきの保存袋に移して冷凍しておくと、好きなときに焼き餃子が食べられます。

焼き餃子は、よく熱した鉄のフライパンに多めの油をひき、水餃子(凍ったままでOK)を並べて、中火弱で蓋をして焼きます。面を返して、すべての面がかりかりになるように焼けば、中まで温まっていておいしく食べられます。

焼きたての熱いうちに、たれにどぼんとつけて頬張りましょう! お供はやっぱり冷たいビール!

ひとりでピッツァ?
ええ、作ります。
だって、桃とネクタリンと
ホワイトチョコのピッツァなんて
よそでは食べられないですから。

果物とチョコレートのピッツァ

ピッツァをよく作ります。みんなで集まるときはもちろん、ひとりのときにも作ります。なにしろピッツァは、ワインやシャンパーニュと相性抜群。無性に食べたくなるのです。

ピッツァというと、とても大きなサイズをイメージするかもしれないけれど、私が作るのは直径12～15㎝の小さなピッツァ。1枚分で50～60ｇの小麦粉です。生地が少なければこねるのもらくで、小さいピッツァは家庭のオーブンでも焼きむらもできず、うまく焼けるのもいいところ。

それに生地は冷蔵庫で2～3日保存できるのです。ピッツァの生地が冷蔵庫にあると思うと……幸せな気分。「何をのせて食べようかな」と食事の夢がふくらみます。

ふっくらと焼けた生地にオリーブオイルをかけて、粗塩をぱらぱらとふるだけでも美味。自分で作れば、具も好きなものをのせられます。外では食べられないようなトッピングもアリ。自分好みのわがままなピッツァを堪能しましょう。

果物とチョコレートのピッツァ

夏に必ず食べたくなるのが、桃とネクタリンとホワイトチョコのピッツァ。こんな組み合わせ、見たことがないでしょう？　見た目もかわいらしいし、果物のみずみずしさと酸味と甘さ、焦げたチョコレートの香ばしさで魅惑のおいしさ。

では作り方です。冷蔵庫から作っておいたピッツァの生地（107ページ）を出して、しばらく室温において戻します。

かための桃を皮つきのまま1㎝幅ぐらいにスライスします。ネクタリンも同じように切ります。打ち粉を使いながら、生地を直径12㎝ほどにのばし、桃、ネクタリン、ブルーベリー、くだいたホワイトチョコをのせます。

これをオーブンで焼くのですが……。具をのせたピッツァをオーブンに入れるのは、ちょっとてこずります。ピッツェリアでは柄の長いへらで、窯から出し入れしていますよね。あれに代わるものを考える必要があります。

柄まで鉄でできていて、オーブンに入れられる鉄のフライパン（ラバーゼの製品）を私は使います。鉄のフライパンに具をのせたピッツァを入れて、フライパンごと出し入れすればよく、とてもらくです。そうでなければ、長めのボード（木板）

のようなものを使うといいです。オーブンペーパーを生地と同じぐらいの大きさに切ってボードの上に敷き、その上にピッツァをのせて、木板からすべらせるようにしてペーパーごと天板に移します。オーブンペーパーを敷いておけば、焼きあがったときにピッツァを天板から取りやすいです。

オーブンは300℃（お持ちのオーブンの最高温）に熱します。下段にピッツァを入れて6～7分焼き、底に焼き色がついたら最上段に移して、上火で2～3分焼きます。仕上げに粉糖をふりかけます。ワインを片手にピッツァの焼きあがりを待つのもいい時間です。

いちご、プラム、さくらんぼ、ラズベリー、秋には柿やりんご。果物のピッツァはほかにもいろいろ楽しめます。生地にリコッタチーズをのばして果物とホワイトチョコ（ブラックでも）をのせて焼くのも私は好き。焼きあがりにローズマリーを枝からしごいて散らしても、香りがよくてすてきです。

サラダピッツァ

何ものせずにピッツァの生地を焼いて、サラダのような具をのせて食べるのも私の定番。フレッシュなおいしさです。

生地を直径12㎝ほどにのばし、最高温に熱したオーブンで6～7分焼きます。ちなみに何ものせなければ、ピッツァの生地はフライパンでも焼くことができます。オイルをひいたフライパンに生地を入れ、中ぐらいの火加減で焼いて、底に焼き色がついたら返して焼きます。イタリアではこれをピアディーナと言います。

生地がかりっと焼きあがったら、オリーブオイルをたっぷりかけて、塩少々をまぶし、生ハムやサラミのスライスをのせ、ルッコラをふんわりとのせます。上からもオリーブオイルをかけて召し上がれ。

アンチョビとモッツァレラのピッツァ

これも大好きな組み合わせ。シンプルですが、やっぱり飽きのこない味です。

生地を直径12㎝にのばし、アンチョビ3～4本を手で裂いて散らします。モッツァレラ½個は角切りにして散らします。オリーブオイルをまわしかけ、赤唐辛子を小さくちぎって散らします。あとはほかのピッツァと同様に、最高温に熱したオーブンに入れて6～7分焼けばＯＫです。

ひとり分なら小さく作ればいいのです。
1枚60ｇの粉で充分。
こねるのも焼くのもらくです。

ピッツァにのせるもの

何をのせてもいいのです。ゴルゴンゾーラ、パルミジャーノ、リコッタなどのチーズを何種類か組み合わせた、チーズたっぷりのピッツァはワインの格好の供。

ミニトマトとハムとバジル。オリーブオイルでソテーしたきのこやなすと、タイムやイタリアンパセリもおいしい。

みじん切りにしたイタリアンパセリとにんにくを生地に散らして、ちぎったアンチョビと赤唐辛子をのせ、オリーブオイルをまわしかけて焼くのもおすすめです。

ピッツァの生地

では、かんじんの生地の作り方をご紹介しましょう。うちのピッツァはもっちりとしたナポリ職人の作り方。

ボウルにざるを重ねて、強力粉と薄力粉各60g、ドライイースト2g、グラニュー糖小さじ1を入れます。ざるを通して粉類をふるいます。

別のボウルに水を75㎖入れて、合わせた粉類を少しずつ加えながら混ぜていきます。粉の状態や気温によって水と粉を加減する必要があります。だから様子を見ながら、粉類を少しずつ混ぜていきます。

手に少しべたつくけれど、生地がよくのびるようになるのがいいです。パン生地より少しやわらかめが目安。パン生地のようにがんばってこねなくてもよいのです。まとまればいい、くらいの気軽さで。なんとなくボウルの中でひとつにまとまったら、打ち粉をした台の上に取り出します。

手粉をふり、台の上で生地をこねます。赤ちゃんの耳たぶぐらいの弾力やなめらかさを目指してこねます。こね終わったら、両手にとって、生地を外側に張らせるようにして丸めます。これを表面がなめらかになるまで何度か繰り返します。

強力粉と薄力粉各60gずつなら、直径12㎝ほどのピッツァが3枚ぐらいできる計算です。直径18㎝なら2枚ぐらい。作りたい枚数だけ生地を分割して軽く丸め、密閉容器に入れて冷蔵庫でねかせます（103ページ）。ねかせて冷蔵発酵させると生地は2倍ぐらいにふくらみますので、それを見越して大きめの容器で保存します。

生地は冷蔵庫で2～3日もちます。あとは食べたいときに取り出して、薄くのばして焼くだけ。ピッツァはひとりでも愉しめる食事なのです。

ビーフシチューはいかが?
牛肉と野菜のうまみたっぷりの
おいしいソースで白いご飯を食べるのが好きです。

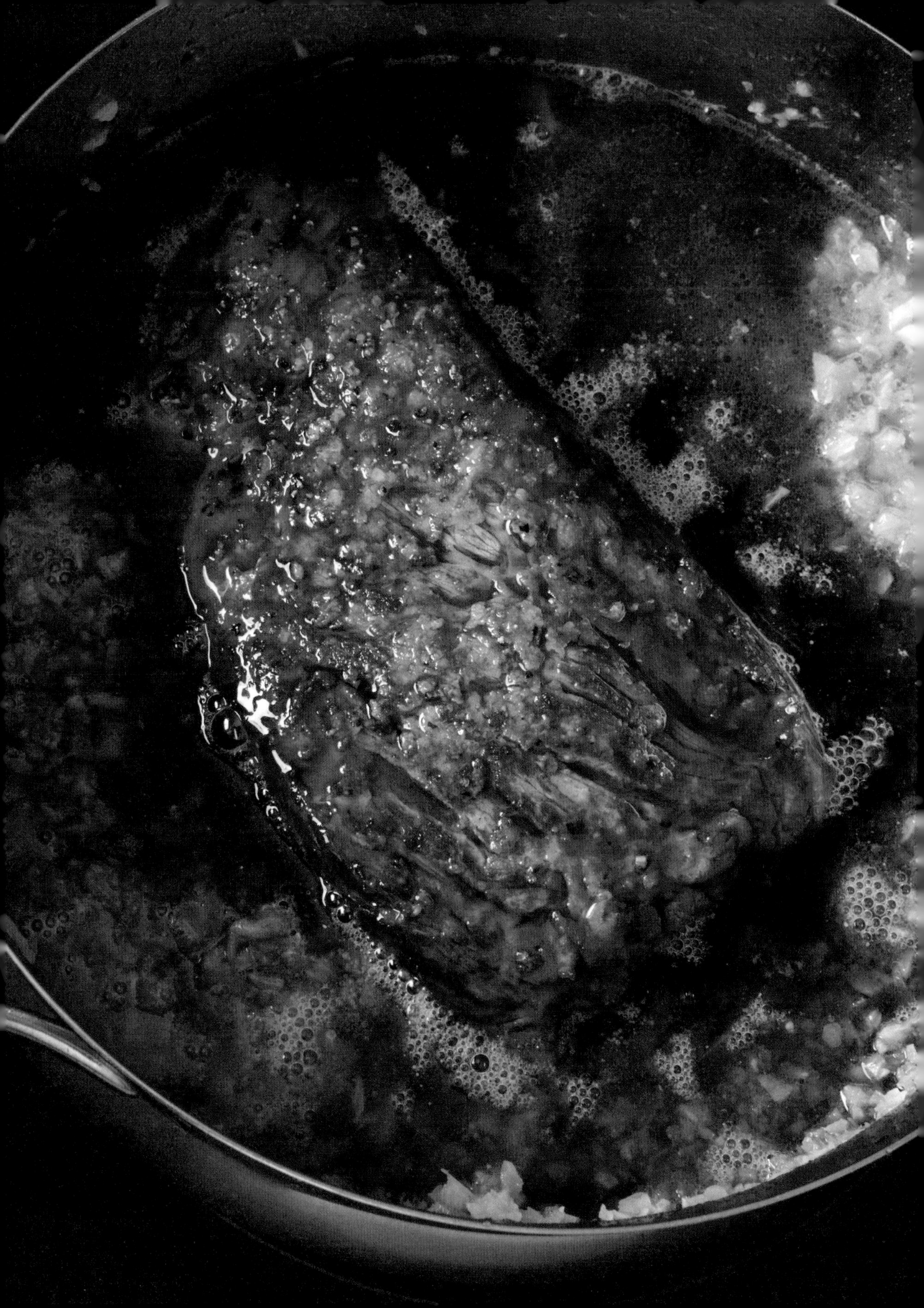

ビーフシチュー

うちのビーフシチューは、洋食屋さんで出てくるような茶色いビーフシチューとはだいぶ違います。

大きいお肉がごろんと入っていて、玉ねぎ、にんじん、セロリのみじん切りとトマトで作る野菜たっぷりのソースです。お肉と野菜のうまみが出たソースがおいしくて、これを食べたいがためにビーフシチューを作っているぐらい。

いろいろ試してみて、自分の好きな味を見つけました。よそでは食べられないビーフシチューです。

用意するもの

牛肉はブリスケ（ブリスケット）と呼ばれる部位を使います。ブリスケは牛の肩バラ肉で、肉質はややかためですが、かむほどにおいしく、甘みのある脂肪もたっぷりの部位。あまり見かけませんので、お肉屋さんや精肉コーナーで注文して買います。手に入らなければ、牛すね肉のシチュー用などで作ってもいいです。

牛肉を1kg買い求めます。ひとりでも1kgです。どういうわけか、肉がこれより少ないとおいしいビーフシチューにならないのです。作ればこれを食べたい人はたくさんいますし、おすそ分けすればよいので、だからひとりでもビーフシチューは1kgで作ります。

玉ねぎ大1個(小さければ2個)、にんじん2本、セロリ2本。これらがソースのベースとなります。にんにく2〜3かけ。パッサータ大1瓶。そして赤ワイン。1本使いますし、もっと入れることも。飲み残しをためておくといいです。

前日の煮込み

牛肉は室温に戻します。玉ねぎ、にんじん、セロリはみじん切りにします。私はフードプロセッサーのパルス機能でみじん切りにしますが、もちろん包丁で切っても。にんにくもみじん切りです。牛肉はかたまりのまま煮込んでもいいですし、最初から150gぐらいずつに大きく切って煮込むこともあります。まず肉に塩、胡椒をまぶし、全体にうっすらと小麦粉をつけます。フライパンにオイルをひいて、牛肉を焼きつけ、全体に焼き色がついたら取り出します。

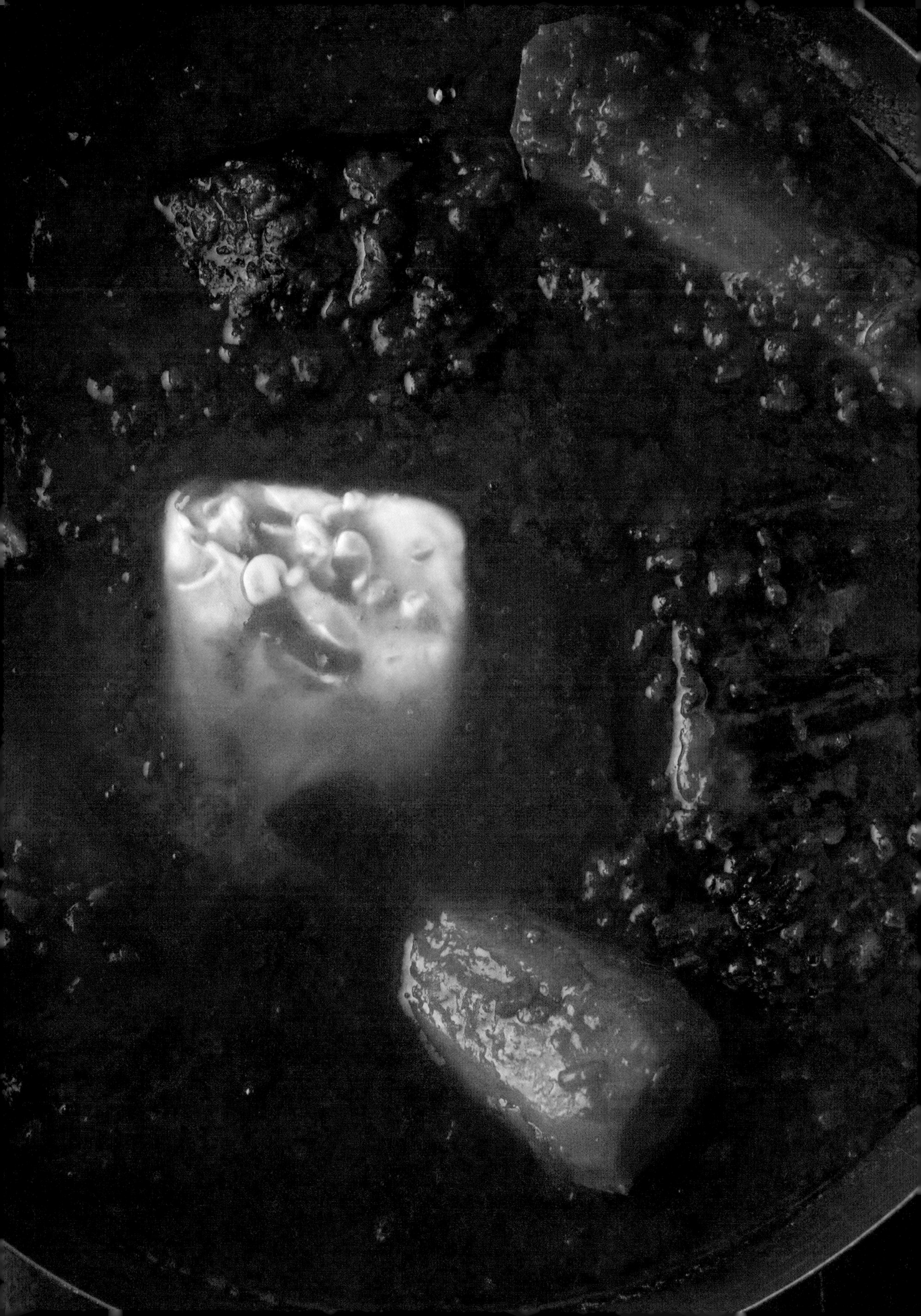

空いたフライパンにオイルやバターを少し足して、みじん切りにした野菜とにんにくを炒め、煮込み鍋に入れます。フライパンに赤ワインをカップ1杯ぐらい注いで火にかけ、肉と野菜を炒めたあとのうまみをワインに移し、これも煮込み鍋に加えます。

鍋の中に少しだけ塩をふって蓋をし、蒸し煮にして野菜のうまみを引き出します。玉ねぎやセロリの強い香りがぱーっと出て、それがおさまってくるのが6~7分たった頃です。こうなったら肉を鍋に加え、残りのワインをどぼどぼと注いで20~30分煮ます。パッサータを加えて鍋中が沸いたら、そのあとはやさしい火加減でひたすら煮込みます。

途中で塩、胡椒、好みでクローブなどのスパイスやローリエなどのハーブを加え、2~3時間煮込みます。

火を止めて一晩おきます。一晩おくことで、熟成されたようなおいしさになるのです。

当日の煮込み

一晩おいたビーフシチューには、オレンジ色の膜(脂)が張っています。これを取り除き、再び火にかけて温めます。ソースをなめらかにしたいときは、脂の膜を除いてから、肉をいったん取り出して、ソースだけミキサーにかけることもあります。そして温めます。

私はビーフシチューににんじんを入れるのが好きです。ソースで煮込んだにんじんは、肉に負けないぐらいおいしい。皮つきのまま、あるいは皮をむいて、にんじんをごろんと大きめに切って鍋に加え、1時間ほど煮ます。

仕上げにバターを落とし、隠し味にしょうゆをちょっとたらすのが私流。これでビーフシチューの完成です。

ビーフシチューの食べ方

うちのビーフシチューには白いご飯がよく合います。野菜と肉のうまみたっぷりのソースで、白いご飯を食べるのが最高。幸せなおいしさです。

ぬか漬けも必ず欲しい。だから私にとってビーフシチューは、洋食のご馳走というよりも「うちのおかず」。白いご飯、ビーフシチュー、ぬか漬けの献立は、大好きな「食事」のひとつです。

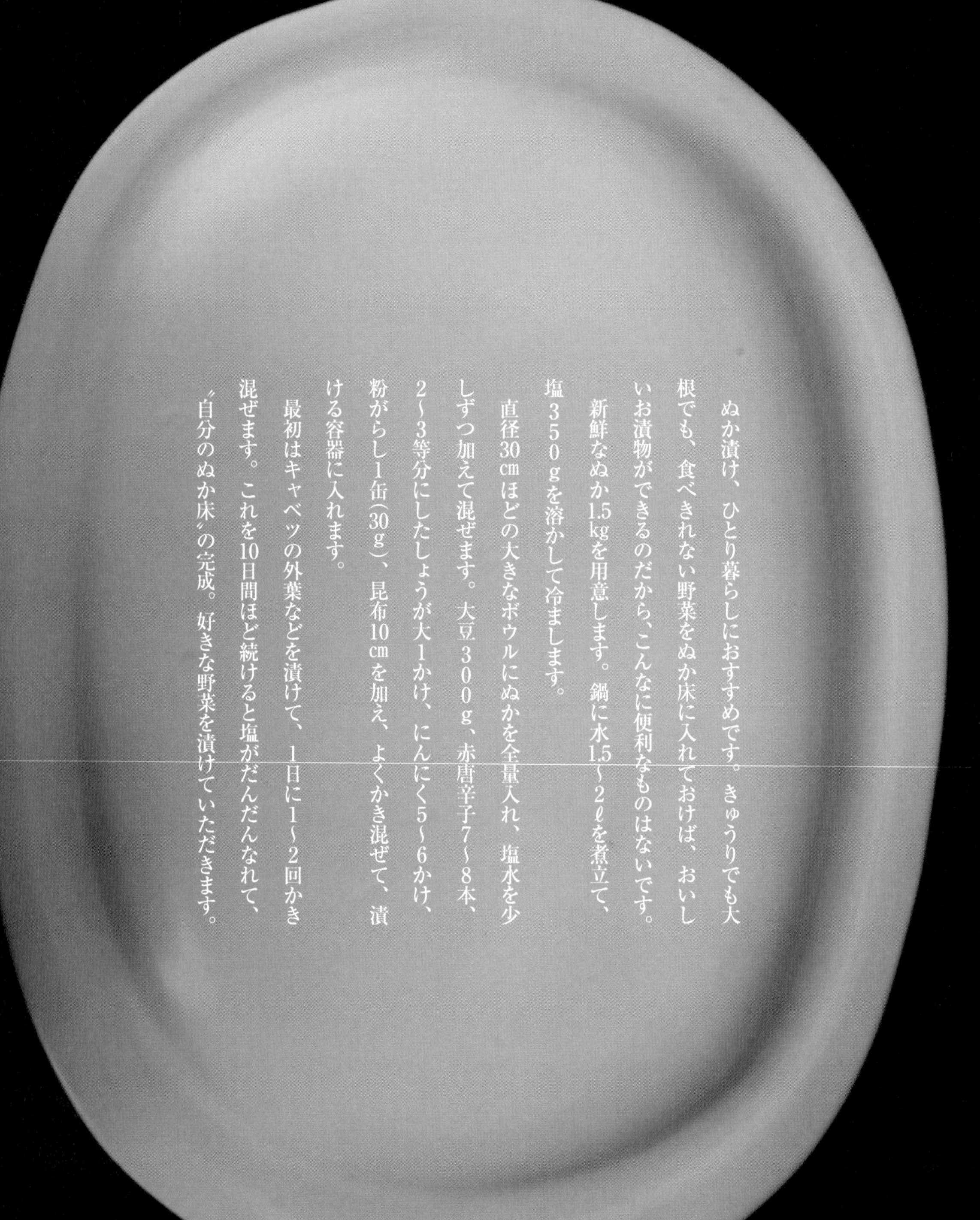

ぬか漬け、ひとり暮らしにおすすめです。きゅうりでも大根でも、食べきれない野菜をぬか床に入れておけば、おいしいお漬物ができるのだから、こんなに便利なものはないです。

新鮮なぬか1.5kgを用意します。鍋に水1.5～2ℓを煮立て、塩350gを溶かして冷まします。

直径30㎝ほどの大きなボウルにぬかを全量入れ、塩水を少しずつ加えて混ぜます。大豆300g、赤唐辛子7～8本、2～3等分にしたしょうが大1かけ、にんにく5～6かけ、粉がらし1缶(30g)、昆布10㎝を加え、よくかき混ぜて、漬ける容器に入れます。

最初はキャベツの外葉などを漬けて、1日に1～2回かき混ぜます。これを10日間ほど続けると塩がだんだんなれて、〝自分のぬか床〟の完成。好きな野菜を漬けていただきます。

炙《あぶ》る

お刺身はどんなふうに召し上がりますか、ときかれて、時には炙ります、と答え、驚かれたことがありました。別に驚かせるつもりはなかったのだけれど。本当のことだし。

まぐろはさくのまま、焼き網や七輪でさっと炙り、切って食べるのが最高です。小さめのさくを買ってきて、ひとりでも炙ります。たこも大きいまま炙って食べます。お肉もです。大きいまま炙ると本当においしいのです。

さく、かたまりで買う理由

魚でも肉でも薄切りを私はあまり買わないです。あらかじめ薄切りにしてあると、断面が空気にさらされているので風味が落ちます。それに自分の好きな厚みに切りたい。魚でも肉でも厚みがあるほうが、そのもののおいしさを味わえます。

まぐろをさくで買って、炙って食べてみてください。知らなかったおいしさに驚くはずです。

「炙る」からそれますが、鯛の刺身も、ひとりでもさくで買って、刺身で食べたいだけ切り、残りは昆布じめにします。これがまた美味。昆布じめに使った昆布は、しょうゆと酒で煮て佃煮に。鯛の味がする昆布の佃煮も本当においしくて、さくで買うことで愉しみが次々と続きます。

火が作るおいしさ

七輪で魚を炙るのは、ひと昔前にはあたりまえに見られた食事どきの風景です。ぱたぱたとうちわであおぎながらさんまを焼く光景、なんとなくおわかりになりますよね。今はすっかりガス火やＩＨにとってかわられてしまったけれど、炭火で焼くのは格別です。料理の熱源は原始的になるほどおいしい。

ガス火なら〝朝顔〟がいいです。今も中華屋さんや小料理屋さんなどで使われている、昔ながらの鋳物ガスコンロです。火のまわりも抜群によく、強弱も自由自在。葉山のキッチンには無理を言って入れてもらいましたが、これで料理をするのが愉しみです。思いきり強火にも弱火にもできるので。今風の勝手に止まるガスコンロになってから、料理がしづらくなりました。

生まれ育った家では、料理上手な母が、へっついや七輪や〝朝顔〟を使って、おいしい食事をこしらえてくれました。その記憶のせいか、「火が作るおいしさ」があると思うのです。素材のよさや味つけよりも「どんな火で調理するか」が、料理の味わいの決め手になるんじゃないかな、って。

繰り返しになりますが、火が、調理法が原始的になればなるほど、できあがった料理はおいしいです。

冷凍ご飯は電子レンジでチンするよりも、ふわっと湯気の立つ蒸し器で温める。煮込み料理や豆料理は圧力鍋で作るのではなく、厚手の鍋でコトコトと時間をかけて煮込む。

〝退化するキッチン〟と呼んで自分たちでも面白がっているのですが、昔ながらの方法に戻れば戻るほど、こと料理に関しては味わい深いものになる。そう確信しています。

イタリアの「炙る」

「炙る」ことに私が魅せられたのは、イタリア暮らしがきっかけです。イタリアの家にはガスコンロのほかに、キッチンに暖炉があります。暖炉で火を熾《おこ》して、肉や野菜を焼いたり煮込んだり、が昔からのやり方です。やってみると難しくないし、なにしろおいしい！

それで日本でも、山の家のキッチンカウンターの上に調理用の暖炉を作りました。東京はマンション暮らしで暖炉はかなわないけれど、その代わりに七輪を使っています。

炙って食べる

愛用している七輪の正式名称は「黒しちりん」。これも鉄の羽釜（15ページ）と同じく、東京・合羽橋の釜浅商店で見つけました。たっぷり焼ける長方形の七輪です。キッチンの換気扇の下に置いて使います。

まず、調理用の焼き網や火熾しをガス火にのせて、炭を熱します。炭は椚《くぬぎ》を主に使っています。火色が美しく火つきが早く長もちします。備長炭は火のついた椚炭の上にのせておけば自然に熾ります。

炭が赤くなったら、七輪に並べ入れます。七輪の下部にある空気穴をあけて、炭がよく燃えるようにして、しばらく熱がまわるのを待ちます。30分ほどたつと、炭がぼうっと赤みを帯びて全体が熱くなってきます。炭の熱はとても豊かです。強いけれど、包み込まれるようなやさしい温かさです。

火を熾すのはわくわくします。人間の原初の喜びのようなものなのか、うれしくてほっとした気持ちになります。

七輪が充分に温まったら、網の上にまぐろのさくをのせます。焼き目がついたら箸で返し、表面が焼けて中がレアな、ほどよい状態に焼けたら網から下ろします。食べやすくスライスし、大根おろしとあさつき、かぼすなどの柑橘を搾りかけ、しょうゆをたらしていただきます。もちろんわさびじょうゆで食べても、オリーブオイルと塩で食べてもよし。たこでもいかでもいわしでも、豚でも鶏でも牛でも、同じように七輪で炙り、好きな味で食べる。これが私の好きな、いちばんおいしい「食事」。

後始末について。炭を完全に使いきらないときは、水を張ったボウルに炭を入れて火を消し、これを天日で乾燥させる。こうすると、その炭がまた使えると教えていただきました。

炙るとまぐろもお肉のよう。
日本酒もいいけれど、
今日は赤ワインにしようかな、って
ひとり飲みが豊かになる「食事」です。

おわりに

食事って、「食」にまつわるすべての「事」。
何を食べようか考えるのも、買い物に行くのも、
盛りつけるのも、かたづけるのも、すべて食事です。
粉と水をこねて、「食べられるもの」を作るのも食事。
自分の力で「食事」ができるのはすてきです。だから思うのです。
ひとりでピッツァなんてありえない、
ひとりでとんかつはめんどうだからやらない……と
消去法で生きていたら、愉しさやおいしさや美しさは
自分のところにやってこないんじゃないかな、って。
やってみれば「なあんだ」と思うはず。
ピッツァの生地を作るのは難しくもめんどうでもないし、
たとえ難しかったとしても、それを愉しんでしまえばいい。
私はそうして、自分の食事を愉しんできました。
たまに食べないときもあります。
「もう、いらないな」と感じて、食べるのを途中でやめたりも。
自分のからだに無理をさせないことも大事です。
からだが欲するものを食べ、拒むものを食べない——。

健康を保つのはとてもシンプルなことだと思っています。
朝ごはんは大切です。定番はたっぷりの紅茶と、
手作りのジャムをたっぷりのせたトースト。
甘いものを食べると、ぼやけた朝の頭が動きだします。
冬の朝は毎日のようにりんごのサラダ。
はちみつとレモン、オリーブオイルのドレッシングで
キャベツか白菜を合わせるのがおいしい。
泊まり客があるときは、このサラダに
卵料理やソーセージ、チーズなどをプラスして、
ホテルのバイキングのようにしつらえることも。
「ヨーチャンちの朝ごはん、おいしいね」と言ってくれる
遠方の家族や友人がいることも幸せだと感じます。
ひとり分×2でふたり分、ひとり分×4で4人分。
日々の食事が美しいものならば、量さえ変えれば
家族やおもてなしの食事にすぐにスライドできます。
みんなと一緒の食事も美しい風景になってくれます。
ひとりでも、大勢でも愉しむ、これに尽きます。

有元葉子

ありもと・ようこ

料理研究家。3人の娘たちのために作る料理が評判となり、料理研究家の道へ。現在は人生で初めて〝自分のための〟食事作りを愉しむ日々。『光るサラダ』『有元葉子　うちのおつけもの』『有元葉子のマリネがあれば』（すべて文化出版局）など著書は100冊以上に上る。キッチン道具の人気シリーズ「ラバーゼ」のプロデュースも務め、使う側からの視点での〝もの作り〟にも取り組む。

www.arimotoyoko.com

ひとりを愉しむ　食事

有元葉子

2021年5月30日　第1刷発行

著者　有元葉子
発行者　濱田勝宏
発行所　学校法人文化学園 文化出版局
〒151-8524　東京都渋谷区代々木 3-22-1
電話 03-3299-2565（編集）
03-3299-2540（営業）
印刷所　凸版印刷株式会社
製本所　大口製本印刷株式会社

アートディレクション＆デザイン　藤村雅史デザイン事務所
撮影　三木麻奈
スタイリング　千葉美枝子
校閲　山脇節子
編集　白江亜古　浅井香織（文化出版局）

文化出版局のホームページ　http://books.bunka.ac.jp/